제1회 신아문예대학작가상 수상집

# | 가끔은 사무치게 그립다 |

# 가끔은 사무치게 그립다

—

김 정 희 유고시집

신아출판사

# 김정희 시인의 시혼詩魂을 가슴으로 느껴워 하며

소재호(시인, 문학 평론가)

동백의 이미지가 바로 김정희 시인의 그것에 다름 아니다.

시리고 엄혹한 동토凍土의 광야를 건너 서리 새벽 길 모퉁이를 돌아 나와 한 움큼씩 울컥울컥 쏟는 피울음처럼, 소쩍새 울고 초승달 밤이 이슥한 이승의 한 시대를 붉게 터뜨리다 훌쩍 져버린……동백꽃

김정희 시인은 시인이 다 되어서 시인답게 살았다. 그런데 많이 아팠다. 그의 시는 감성과 감각이 한타랑의 한 정서로 뭉치며, 아조아조 깊은 내면 웅숭깊은 영혼의 목청으로 읊어서, 시의 편편이 옹글고 숙성되었다.

참 좋은 시들, 감동 절절한 서정시들…….

일찍 가려고 그랬던가, 짧은 시간에 한꺼번에 쏟아낸 짙은 서정의 울음들. 이승의 제일 좋은 것들, 제일 아름다운 꽃들로만 여미며 치장하며, 그리고는 고작 한 뼘 너머 극락으로 왕생하려 그랬던가.

훌쩍 떠나며 서리서리 글발 남기므로 남은 우리들 가슴 아프게 운다. 그리고 시인은 어둠이 되고, 아득한 굽이에서 오는 먼동을 우리는 맞이한다, 그가 조짐해 둔 동백의 환한 잔상으로.

필자는 시를 통로로 잠시 김정희 시인과 눈빛 마주했던 운명의 시간들을 떠올리며 지금 한껏 애닯아 한다.

2019. 초가을

## 차 례

머리의 글

제1부

길손 · 014
들리나요 · 015
대자리에 누워 · 016
저녁 풍경 · 017
외로움 · 018
사랑의 무게 · 019
숲에게 · 020
어느 밤 · 021
검은 사제 · 022
가뭄 · 023
상처받은 이가 상처 준 이에게 · 024
목어木漁의 꿈 · 025
능소화 · 027
사모곡 · 029
능소화 2 · 030
벽 · 031
삐꾸기 · 032
낙타 · 033
동백 · 034
외손자 선우 · 035

## 제2부

산닭 집 · 038
빈집 · 040
수평선 · 041
모시나비처럼 훨훨 · 042
그런 사람 · 044
스마트 폰 연서 · 045
살다보니 · 047
담쟁이 · 048
동백 보고서 · 049
춘 설 · 050
장미 도둑 · 051
하루 · 053
보름달의 외출 · 054
삶이란 · 055
송화 숲 · 056
개기월식과 치통 · 057
금산사 밤 드라이브 · 058
가을 정경 · 059
바람포구의 여자 · 060
인턴 여승 · 062

# 제3부


보릿고개 · 064

기억을 태우며 · 065

전주천의 봄 · 066

봄바람 · 067

한바탕 봄 · 068

열병 · 069

바다는… 늘 그렇다 · 070

송홧가루 · 071

안 괜찮은데… · 072

숨 · 073

겨울 숲 · 074

선인장의 기도 · 075

늙은 모녀 · 076

초등학교 졸업식 날 · 077

동장군 · 078

퇴원 · 079

가끔은 사무치게 그립다 · 080

떠나가는 것들에 대하여 · 082

석류 · 083

외로운 밤 · 085

# 제4부


세 월 · 088

동백꽃 · 089

여행자 · 090

네가 보고 있었잖니 · 091

다 같은 자식들인데 · 093

어미의 기도 · 094

누군가는 · 095

명자 꽃 · 096

아침운동 · 097

빨래 · 098

기도 · 099

오월의 눈 · 100

마지막 무대 1 · 101

마지막 무대 2 · 102

수 · 104

빈집 · 105

그대는 · 107

절반 · 109

세 벌 · 110

가을밤 · 111

## 제5부

화로 · 114
응급실 · 116
어떤 만남 · 117
기억 · 119
장맛비 · 120
하지 · 122
부탁 · 123
궁합 · 124
남편의 놀이터 · 125
기일과 벌초 · 126
노부부 · 127
가을의 노래 · 128
천둥 · 130
불효 · 131
모녀 · 133
그래 맞다 · 134
언제 쯤 · 135
목단 · 136
낮에 · 137
선우. 지우에게 · 138
첫니 · 139

〈헌정시〉

막내딸 : 김정연

엄마 미안해 · 142
엄마와 아기와 나 · 144
엄마와 딸 사이 · 145
봄비 · 146
소꿉놀이 · 147
기도 · 148

# 제1부

# 길손

바람의 가쁜 숨결에
나뭇잎 하나 툭
떨어진다

갈빛 마을에
가을이 잠시 머문다

노을지는 강여울에
홀로
흔들리는 배

# 들리나요

바람, 하면 바람 소리가 들리고
파도, 하면 파도 소리가 들린다네

풀벌레 잠 못드는
이 가을밤, 들리나요

별과
달과
나뭇잎을 부르면

별빛 부서지는 소리
달빛 흐르는 여울 소리
나뭇잎 흐느끼는 소리가
휘영청 달려 오는데

당신 들리나요

# 대자리에 누워

등줄기를 타고 오르는 서늘한 기운
담양 죽녹원에서
교토 아라시야마에서
일렁이던 바람결
아시아를 떠돌던 대숲의 바람 소리
줄줄이 엮이어 여기
수평으로 누워있다

대숲이 의미 없이 와글거린다고 생각했다
아니네, 한 시대 죽창이 되었거나
폭군에게 목숨 걸고 바치던 죽편
글씨는 삭고 기호만 남아 비명으로
천지를 들끓고 있다

고요한 꿈틀거림
우수수 일어나는
핏발 선 전쟁의 넋들

등판대기가 쑤시기 시작했다

아니네, 가슴 복판으로도 짓누르는
이 시대 아픈 현실들
내 몸까지 한 패거리 대숲이 되었다.

# 저녁 풍경

태양이
하루 일과를 마친 뒤
피곤한 몸 이끌고 퇴근하면

하루 종일
빈둥거리며 낮잠 자던 가로등이
야근을 시작한다

건너편
네모난 고층 아파트에
하나 둘
별 이야기 돋는다

## 외로움

횡한 바람 길을 잃고
무심한 눈발 마당 서성이면
마른 나뭇가지 매달린
쪼그라진 감 몇 개
늙은 어미 빈 젖가슴 닮았다

## 사랑의 무게

두근두근대는 가슴은 너 근
사근 사근대는 속삭임은 여덟 근
퍼 올려, 퍼 올려
깃털처럼 가벼워지는
사랑의 무게

# 숲에게

맘껏 푸르려므나
유월의 산천이 모두
네 것이란다
들꽃의 미소까지도
귀엽게 보려므나
모내기 끝낸 어린 논배미
눈인사로 넘기고
지나가는 강물에겐
손 흔들어 주려므나
아린 밤꽃 향일랑
가만히 내려놓고
너는 다만
푸르기만 하면 된단다
한세상 모두 푸르게 진동하고
지평선 끝, 끝에도
풀내음 꽃내음
가다가 가다가
무재개도 세우려므나

## 어느 밤

안개에 휩싸인 도시
고층 빌딩숲으로
밤마실 나온 보름달이
길 잃고 헤맨다

올 풀려 헤진 삶
노르스름해진 낯빛
낡은 가로등에 기대인
가냘픈 거미줄에
살포시 몸을 얹는다

지친 달의 빛방울
별이 되어 사라진다
여전히 보름달을 좇는 안개
거리는 새벽으로 기운다

# 검은 사제

구름 낮게 깔린 주일 아침

예배당 꼭대기에 오르는
검은 연미복의 수도사

십자가 위에서 묵도 올린 뒤
목청 높여 하늘에 간구한다

다시 묵도

그리고 땅을 향해 말씀 선포한다

까아악 까아악

신의 뜻을 전하고 유유히 사라지는
검은 까 마 귀

# 가뭄

한겨울 얼어 터진 누나 손등은
거북이 등껍질처럼 갈라졌다
글리세린을 듬뿍 발라도 그때 뿐
손등은 쉽사리 아물지 않았다

그래도 누나는 화내지 않았다
새벽마다 담뱃대를 문 아버지의 밭은기침이
아궁이 앞에 앉은 어머니의 한숨이
누나 손등에 얹혀졌다

촉촉해진 누나 손이 보고 싶다

허기진 아이의 입가에
허연 버즘 자국만 꽃처럼 피우는
보릿고개

## 상처받은 이가 상처 준 이에게

그대의 이름이 아프다
귓가에 바람으로 스쳐도
저만치 밀어 두었던 상처들이
별인 듯 우수수 쏟아진다
내가, 내가 아니었음 좋겠다
산처럼 우뚝 뒤돌아서 있으면 좋겠다
강물로 부서져 흘러갔으면 정말 좋겠다

저 산 끝에서
이 강물 끝까지 세월이 헐떡이는 만큼
나는 기억의 껍질이 새로 돋아나
거친 손톱에 검붉은 피멍이 든다

그대, 정녕 추억이었는가

이제 그만
과거와 화해하고 싶다

# 목어木漁의 꿈

내 언제고
나를 매달고 있는 허공을
풀어내어 강물에 띄우리라

소리는 하늘에 푹 젖게 두고
온몸 비늘을 깎아
삼십 삼천 층층이
펄펄 은빛으로 흩날리게 하리라

마침내
하늘과 땅과 물을
내 한몸에 둘둘 말아
철썩거리거나 또는
무한 함묵緘黙

천상의 솔리로 내장까지 으스러지고
속을 비워 텅 빈 적멸寂滅

의미하지 않고, 행위하지 않고
다만 적막의 몸놀림
고운 빛깔로 흐느끼리라

드디어 나는 천상천하 유일한
물고기 한 마리
오직 '존재'라는 한 말씀

# 능소화

뚝뚝 지는 전설의 낙화
피는 듯 쾌히 지는
그대는 운명의 꽃이라네

치자꽃 향기 벌써
하얗게 골목에 젖을 무렵
풋풋한 내음, 살비듬 내리며
바람으로 무성한 이별

애달파라
달빛에 물들던 세월
너무나 짧았었네
그대 속삭임이 아직
토담 위에 얹혔는데
봄과 여름 사이
긴 사랑 짧은 이별
이승의 담 넘으면
깊은 어둠의 골짜기라네

낙화 직전 뱅그르
주검의 형용이 오히려 눈부시게
팔팔한 생이구나

## 사모곡

오월
어머니 가슴에
꽃 한 송이 못 달아드려

꽃 대신
편지 한 줄 쓰고
툭, 눈물 한 방울

뒷산 뻐꾸기
어미 찾는 울음소리에
툭툭, 눈물 주르르

그립고 그리워서
팔순 노모 보고파

어쩔까나
눈물 젖은 이 편지를
차마, 어찌 보낼까나

# 능소화 2

치자꽃 향기 하얗게 흩날리던 밤
황금빛 나비 촛대 슬며시 잠재운 뒤
고귀한 살내음 내려놓고
바람처럼 무심한 이별 있었다

애달파라 그 세월
행여 달 그림자 밟고 오실까
설운 밤 기다림에 목을 죄고
눈물에 도려진 상처 깊어져
여린 가슴 야위어 스러졌다

문득 고개 들어
하늘을 뻗어간 주홍빛 그리움은
고고하게 턱을 치켜 세운다

바람이여 나를 기억하시나요
목메인 그리움이 흔들린다
차마 뀟기 싫은 모습 들킬까
툭, 땅에 몸을 던지는 야윈 꽃송이

# 벽

때묻은 세월이 갇혀진 공지
헌옷 벗으니 못자국마다 상처
비명조차 삼킨 아픔

목이 잘린 채 살 속 깊이 박힌 못
아물지 않은 고통, 깊은 상처로
밤마다 몸부림치는 너

숨죽인 낮 지나면 설움의 옷고름 풀다
새벽닭 울음에 여미는 먼동

누군들 가슴에 못 한 번 안 박혔으랴
누군들 빼어내지 못한 아픔 없으랴

깊은 밤 귓바퀴 맴도는 헛헛한 공허
오늘도 불면에 멍드는 이 밤

# 뻐꾸기

오늘도
사금파리처럼
하얗게 흩어진
햇살 조각 쪼으며
아침을 밟는다

다른 품에 제 새끼 떨군
본능의 죄인
뻐뻐꾹 뻐꾹
부끄러운 어미 울음을
숲이 삼킨다

황금빛 순간들을
뒤돌아보며
뒤돌아보며…

제 식구 건사 못한
애비의 노오란 울음은

파란 꽃 만발한 숲속을 헤매며
그리워서 뻐꾹 뻐꾹
그리워서 뻐뻐꾹 뻐꾹

## 낙타

거친 모래바람이
긴 속눈썹을 파고든다

걸어도 걸어도
끝이 보이지 않은 사막

등에 얹힌 짐은
내 삶의 무게
평생의 숙명
거침없는 태양은
온 천지를 불태운다

사막을 읽어내는
순한 짐승 한 마리

커단 눈망울에 고인 눈물이
오아시스를 꿈 꾸며
오늘도
내일도
목마른 사막을 뚫고 걷는다

## 동백

아침마다 눈을 뜨면
각혈하듯 토해 낸
붉은 핏덩이들

겨울의 매서운 채찍질이
그리 피맺히도록
처절한 아픔이었나

뜨락에 망연히 서서
고통스레 흩어진
핏빛 흔적들을 보며

네게 찬사를 보낸다
그 고운 맺힘은
찬란한 봄의 시작이라고

# 외손자 선우

두 눈 마주보면
어느새
조붓한 실눈이 되고

꽃송이 같은 입 벌려
온몸으로 까르르
환한 웃음 터뜨리면

그 웃음소리
고운 꽃 이파리 되어

내 머리에
내 어깨에
내 가슴에

보드라운 햇살처럼
날리우니

너는 내게
언제나 화창한 봄날

# 제2부

# 산닭 집

살아 있어도 산목숨 아니지
이미 날 받아 놨으니

쇠창살 안에 갇혀
밀착시킨 몸으로 확인하는
서로의 안부
허공을 서성이는 비애
사방에 튕기는 비릿한 내음

숨죽인 체념 속
바쁜 발소리와
쇠창살 문 여는 거친 손길 피해
푸다닥 본능처럼 날으려는
생을 넘는 갈림길
비명과 울음소리에
끌려 나가 마감되어지는
힘없는 무리의 생
반역 없는 행위의 되풀이여

쇠창살 안이 비워지면
어디선가 실려 와 채워진다

끌려가고 채워지고
죽고 살아남고

모처럼 넓어진 쇠창살 안
목이 쉬어 울 수조차 없다
이슥한 밤이 되어서야
불 꺼지는 간판

안심하시게
살아남은 그대들
오늘밤은 편히 쉬시게
생을 장담할 수 없는
내일을 맞기 위해
웅크린 어깨에 고개 묻고
곤히 잠든 무리여

그대들에게 내일은
까마득한 내일이어라

# 빈집

새털이어서 가볍게 날리는 봄볕
무너진 담장 위 떠도는 얼룩 길냥이의 하품

연보랏빛 고운 옷 은은한 향기
빼꼼히 담장 밖을 내다보는 미소
두근두근 설레는 가슴 누굴 기다리나

설핏해지는 저녁 해 흔들리는 옷자락
야금야금 무너지는 기다림 허릇한 그녀 눈매

옛 기억처럼 희미해지는 살내음
남루해지는 연보랏빛 옷자락

라일락이 지고 있다

## 수평선

원치 않는 시뻘건 불덩이
꿀꺽 삼키고
온밤을 몸부림치며
시커멓게 죽었다
하얀 새벽이 오면
머금고 있던 불덩이
다시 토해 내야만
오늘 하루 온전히
푸른 바다로 살 수 있는
한생生 바다의 운명

# 모시나비처럼 훨훨

조금은 이른 이별인가 보오

유리 조각에 깊게 베인 상처처럼
쓰리고 따갑지만
시간이 강물처럼 흐르면
상처도 아물고
베인 기억도 흩어지듯
아주 잠깐만 슬퍼하구려

벚꽃 하얗게 흩날리거든
게으른 당신 깨우는 내 몸짓이라오
소나기 한바탕 다녀간 뒤 무지개 뜨면
찬란한 내 그리움이오

낙엽이 간지럽게 어깨를 두드리면
지친 당신 어루만지는 내 손길이고

목화솜처럼 고운 눈 쌓이면
우리 첫 만남 추억하는 내 환호성인 것을

벚꽃도 무지개도 낙엽도 흰 눈도

좀 더 귀찮아질지라도
당신 너무 서둘지 말구려
손주들 재롱도 보고
아이들에게 어른 노릇하며 기쁘게만 지내구려

그리 지내다가 이제라도 내가 그리우면
모시나비처럼 훨훨 날아 내게 오구려
아프지 말고 잠들 듯 그렇게 오구려
늘 그래왔던 것처럼 당신을 기다리겠소
당신을… 사랑하리다

# 그런 사람

낙엽 뒹구는 마당
낡고 긴 나무의자에 기대면
포근한 담요로 시린 등 덮어주고,

따가운 가을볕에 꿈꾸듯 취해 있으면
향기로운 차 한 잔 건네는,

해질녘 스산한 바람 끌어안으면
든든한 두 팔로 야윈 어깨 감싸 안는,

통증으로 잠 못 들고 뒤척거리는
내 손 꼬옥 잡고 기도 드리고,

진통제로 겨우 잠든 내 이마에
마른 입맞춤으로 하루를 감사하는,

그런 사람
당신이었으면…

# 스마트 폰 연서

부귀 꿈 꾸는 진홍빛 목단의
짙은 향기를 보냈소
'아름답네'

제행무상 가르치는 설토화의
하얀 미소를 보냈소
'탐스럽네'

낮은 담장에서 바람 질투하는 울장미의
붉고 촉촉한 입술을 보냈소
'흐드러지게 피었네'

늦잠 깨어난 수줍은 작약의
연분홍빛 옷고름을 보냈소
'곱다'

기다리다 못해
사랑할 수 없는 자주 달개비의 눈물과
개미를 유혹한 사과 나무 열매의
일그러진 상처를 보냈소
'아까워라'

아드님이여
어이 그리 무심하신지
한 번 다녀가라는 애달픈 몸짓임을
그대는 정녕 모르시는가

장희빈의 사나운 눈꼬리를 잠재운
천남성의 잔인한 미소에 현혹되어야만
그제서야 발걸음 하시려는가

# 살다보니

젊을 때
가벼운 지청구도
날카로운 가시되어
무수히 나를 찔렀다
상처 입은 시간
아파서 속울음만 삼켰다

살다보니
여전한 당신의 지청구
이젠 뭉툭해져
더께 입은 내 상처 위에
아무렇지 않게 머문다

살다보니
참으로 살다보니
이렇게도 무심해지는 걸

거친 바위 등판처럼

## 담쟁이

겨우내
시린 담벼락에
말라붙은 실핏줄이
봄이 돋으면
손톱만큼씩 푸른 눈을 뜬다

서로의 안부를 묻고
서로를 격려하며
골짜기마다 푸른 피 흘러
푸르게 푸르게 뻗어 간다
메마른 내 가슴에도
별이 돋아나
골짜기마다 붉은 피
되살아난다 봄의 향내로

## 동백 보고서

보라, 저 장렬한 죽음을
봄을 지키기 위해
매서운 바람과 맞서고
모진 눈보라 횡포 꺾고
승전고 울리며
붉은 깃발 나부끼다
제 갈길 알고
미련없이 푹, 푹, 푹, 푹,
핏빛으로 스러진…

# 춘설

봄 거리에서
흰 꽃이 나부낀다
'아'
고개 젖혀 입 벌린다
보드랍고
차갑고
촉촉한 꽃잎은
흔적없이 떠난다
설렘 가득한
그대 속삭임처럼

## 장미 도둑

낮은 블록담 초록색 대문에
아름다운 그녀가 산다

어둠이 푸른 눈 깜빡이면
종일 술래에 지친 초승달
빼꼼히 골목 내려다 본다

그녀를 연모하는 어린 사내가 서성인다
별 좇는 그녀 옷자락 끄는 소리
봄날 아지랑이처럼 피어난다
스멀스멀 번지는 그녀의 살내음

엿보던 사내가 슬몃 그녀를 탐한다
놀란 그녀의 날카로운 손톱이
여린 팔뚝에 생채기를 낸다
한 움큼 골목길에 뿌려진 붉은 비명

어둠은 이제 두 눈을 질끈 감는다
하품 물던 초승달 술래되고
잠에 취한 빈 골목엔
설움 가득한 그녀의 살내음이

안개처럼 머문다
바람되어 흩어지는 그녀의 흐느낌…

# 하루

새벽바람 문틈 기웃대다
아랫목 온기 식히고 가면

한낮
노란 줄 고양이
갸르릉 졸고

한 쪽 팔 잘려나간 늙은 감나무 위
게으른 참새떼 둥지로 파고들고

밤마다 달빛 삭아가면
먼 데 사는 별
손 흔드는
조그마한 행성, 나의 우주

## 보름달의 외출

고층 빌딩숲으로
마실 나온 보름달이
길 잃고 헤메이다

낡은 가로등에 기대인
성긴 거미줄에
사르르 몸을 얹으면

지친 달의 눈물이
별이 되어 사라지고…

# 삶이란

땅에 뒹구는
일그러진 매미 사체

차곡차곡 어둠 쌓인 지하 감방
고독 삼키며 기다림의 시를 쓴다
일곱 해 형기 마치고
작아진 죄수복 벗어던지면
절규하듯 토해내는 울음소리
환희인 듯
사명인 듯

그렇게 열 나흗날
지나고 나면
울음 빠져나간 빈 몸뚱이
이리 채이고 저리 밟히고
기어이
작은 생명들에게
몸 보시하고
흙먼지로
흩어지는
넋,
넋

# 송화 숲

지나가던 숲이
노랗게 한숨을 토했다
누군가의 숲이
또 노랗게 한숨을 뿜었다

겨울 숲
푸르게 지키느라 애썼다고
이젠
푸름으로 단장한 이웃 있어
한시름 놨다고

노란 안개가
사방에 질펀하게 깔리면
소나무의 호탕한 웃음소리
쩌렁쩌렁 메아리 피는
온 숲 정령의 울림

# 개기월식과 치통

검푸른 하늘
야금야금 만월 베어 무는 허공
붉게 물드는 달의 비명

슬금슬금 번지다
마구잡이로 달려든 통증에
맥없이 무너진 그녀

앓는 소리가
잇자국 난 달의 귓가에 머물고

달포 전
날 떠났던 평화만큼
제 구실 못하는 진통제 원망하며
푸른색 수면제를 삼킨다
눈가에 맺힌 이슬 방울

# 금산사 밤 드라이브

훌쩍 나선 금산사
불빛 뻗어 간 거리를 지나자
깊어진 숲이 어둠을 뒤쫓는다

산이 웅크리고 앉아 있다
가슴 휑한 사내처럼
희뿌연 담배 연기만 내뿜는다
푸르게 웃는 가로등 아래
반백의 벚나무는
요염한 얼굴로 꽃눈을 떨군다

산이 소리 죽여 울고 있다
실연한 큰 애기 등짝마냥 일렁인다
보랏빛 우단으로 감싼 밤하늘은
고개를 모로 꼬고

애써 산을 외면한다

금산사 입구에서 핸들을 꺾는다
시름 겨운 숲과 어둠을 뒤로 제끼고
나는야 화려한 불나방으로 달려간다네

# 가을 정경

따가운 볕에
눈이 부신 바람은
괜시리
파란 대문집 감나무에
심통을 부린다

톡,
좁은 골목길에 내려앉는
잘 여문 감 하나

지나가던 할머니
길에 앉은 감을 귀한 선물인 양
낡은 손수레에 싣는다

할머니 굽은 등 너머로 환히 웃는
폐지 위 노란 감

부러운 바람이
샐쭉 눈을 흘긴다

# 바람포구의 여자

이른 아침 바람포구 대합실
구석진 창가에 조그만 여자
눈가에 푸른 멍
목덜미엔 붉은 손자국
한숨처럼 내던져진 담배 연기에
진한 욕설을 버무린다

하늬바람은
숱 많은 그녀 머리칼을
잠시 안아주었다

강쇠바람은
골 깊은 그녀 가슴팍에
거친 눈물을 묻었고

마칼바람은
토실한 그녀 허벅지에
사나운 생채기를 남겼다

그림자처럼
낡은 트렁크에

때묻은 속옷이 매달려 있다

이제 그녀는
어느 바람을 찾아가야 하나

# 인턴 여승

얼굴 가득 번뇌
그렁그렁 눈물진 얼굴
거울 속에 비친
덜 여문 여승

받아들이라고
그대의 업보라고
조근조근 이르는
힘겨운 타이름

모래시계 되돌리면
눈물 흔적 옅어지고
번뇌 다스려져
지친 입가에 미소

받아들여야지
나의 업보
되뇌이며 쓰다듬으면
얻어지는 해탈

내 안에 암癌 대신
부처 들었구나

# 제3부

# 보릿고개

쇠비름 삶아 먹고 기어올라도 기어올라도
풀뿌리 죽 쑤어먹고 다시 올라도
힘없어 못 넘는 고개
무정한 고개

할아버지는 방에서 빈 곰방대 두드리며
헛기침만

엄마는 정짓간에서
솔가지로 빈 솥단지 물만 끓이고…

토방에 어린 유복자
허기진 입가에
하얀 버짐 자욱만 꽃처럼 피어난다

## 기억을 태우며

통증을 떠나 보내다
즐거운 추억보다
고통의 기억이 더 많은
수십 년 박혀 있어
설움이 꾸역꾸역 밀려드는 것들
갈피갈피마다
고스란히 펼쳐지는 아픔들
간혹은 아름다웠을 것들
신들린 듯 정열을 태웠을 것들
아픔도 고통도 모두 재가 되리니
남은 기억 뒤적거리자
새빨간 불씨
검은 잿더미 위에 파르륵 날린다

## 전주천의 봄

겨우내 닫혔던 빗장 열고
소곤대는 이웃 안부 정답다
부스스한 갈대 옆에
노랗게 기지개 켜는 어린 민들레
물오른 버들가지 실눈뜨며 졸고
물살 쪼다 지친 왜가리
한 다리로 세상 지탱하며
우주 바깥 넘겨다본다

# 봄바람

보드라운
아기 엉덩이 같은
결 고운 실크 머플러 같은
고급 밍크 코트같은
하얀 목화솜 같은
그런 바람
그대 속삭임처럼…

# 한바탕 봄

폭풍우처럼 달려와
한바탕 휘몰아치는
수다스런 봄꽃에
봉곳봉곳 숲이 부푼다
알록달록 숲 색이 곱다

## 열병

싱숭생숭
두근두근
벌떡벌떡

어쩔거나
이 환장할 놈의 봄을

## 바다는… 늘 그렇다

하늘이 무너져 내린다
바다를 짓누른다
핏빛 울음이 번지는 바다는
어둠에 갇힌다

밤내 두려움에 떨다
찬란한 태양 기지개 켜면
용트림한 뒤에야
비로소 들어 올려지는 하늘

한낮 구름과 노닐다
허기진 배 움켜쥐면
다시금 무너져 내리는 하늘

삼백예순 날
아니 백 년 만 년
눌리우고 눌리우는 바다는
들리우는 하늘 빛 닮아
여전히 푸른 빛이다

# 송홧가루

화려한 불빛 춤추는
뜨거운 도시의 유혹에
밤마다 봇짐싸는
산골 큰애기

봄만 되면
열병처럼 도지는 역마살

그리움 곱게 단장하고
행여 지난봄 스쳐간
그 인연 만나려나
담장마다 기웃기웃
빛바랜 그리움만
가벼운 발길에 채인다

눈웃음도
체취도
까마득한 산마루

## 안 괜찮은데…

괜찮죠?
네 괜찮아요

괜찮은 거예요?
아무렴 괜찮고 말고요

아직 괜찮은 거죠?
당연히 괜찮지요

괜찮으셔야 할 텐데…
걱정말아요 괜찮답니다.

만나는 사람마다 묻는다

그래서
난 그냥 괜찮다고 대답한다

하나도 안 괜찮은데
나는 정말
하나도 안 괜찮은데…

# 숨

순간이다

너와 나를 갈라놓을 수 있고
이승과 저승을 나눌 수 있다
사랑하는 사람과 슬픈 이별을 나누고
뜨거운 정열이 얼음처럼 차갑게 얼어버리는 순간
기억하고 싶은 순간
기억되어지고 싶은 순간이
여지없이 무너지는

나는 너를 오래도록 기억하고 싶은데
감겨진 네 동공에는 내 어느 모습이 갇혀 있을까

## 겨울 숲

새벽이라고
먼동 트기 전부터 수군수군 속삭이다
이름 모를 혹은 이름 아는 새들의 지저귐에
숲은 약한 전율을 일으킨다

아직 떠나지 못한 새들 덕분에
숲은 겨우 체면 유지를 하고 있다

## 선인장의 기도

황량한 사막 한가운데
물 한줄기 간직 못한 채
푸르름 끌어안은 너

모래바람과 추운 밤 견뎌내느라
부드럽고 예쁜 이파리
꽃가시로 바꾼
너의 아픔 누가 알까

마지막 미련 백년의 인내로
겨우 피워내는
꽃 한 송이
가슴에
오아시스, 오아시스 만든다

# 늙은 모녀

팔순 넘은 어머니 흰머리에
조심스레 검정물 들인 뒤
장난삼아 내 눈썹 그렸더니
배를 쥐고 웃으시는 어머니

내친 김에 뺨에 점도 그리고
앞니도 하나 빼놓고
거울 보니
영락없는 영구

나도 웃고 어머니도 웃고
한참을 웃고 웃기며
모처럼
효도 한 번 잘했네

## 초등학교 졸업식 날

친구 꽃다발 안고 사진 한 방 찍자
졸업식은 끝났다
친구들 짜장면집 가는 데
나만 엄마 따라 장터로 갔다

시끌벅적한 장날
장작불에 설설 끓는 붉어진 얼굴 사이로
천 원어치 순대 한 접시
뜨거운 뚝배기 국물에 담가
내 앞에 밀어놓은 엄마
맛있는 순댓국 삼키다 보니
저만치 밀려나간 겨울 자락

엄마 손 잡고 구겨진 졸업장 쥐고
세상 부러울 것 없이 집으로 가는 길
파란 하늘은 유독 눈이 부셨다

해마다 이맘때면 미안해하는 엄마
엄마는 모른다
25년 전 그 순댓국 맛을
내가 아직도 기억한다는 것을

# 동장군

길 떠날 채비하는
늙고 추레한 사내
무겁고 긴 코트 자락 끌며 옮기는
지친 발걸음
기세등등한 오만함 따위
낡은 주머니에 양손 구겨넣고
두려움에 떨게 했던 심술일랑
이빨 빠진 목구멍에 꿀꺽 삼키고
슬금슬금 꽁무니 빼다
'안녕'
담장 너머 기지개 켜는 분홍 매화의
수줍은 속삭임에
속절없이 무너진다
때 되면 오만함과 심술 챙겨
또다시 개선장군으로 나타나겠지
죽어도 죽지 않는 주연 배우처럼

# 퇴원

잠들어 있는 것들을 깨워야지
어느 날 3시 30분 잠든
늙은 시계 건전지를 갈아 끼워야지
뜨락에서 뜨거운 태양과 맞서다
지쳐 말라빠진 꽃나무들에게
시원한 물을 흠뻑 뿌려 주어야지
보름 넘도록 소리 죽여 닫혀 있던
온 방의 창을 활짝 열어젖혀
환한 햇살과 싱그러운 바람 조각들이
제멋대로 뒹굴도록 놔둬야지

그리고
지칠 대로 지쳐 나자빠진
희망 잃은 이 몸뚱이를 일으키기 위해
항암제 대신 진한 박하향 맡으며
아낌없이 손주들 재롱이나 봐야겠다

# 가끔은 사무치게 그립다

길을 걷다가
중절모를 쓴 점잖은 노신사를 만나면

DP점에서
손때 묻은 구형 카메라를 보면

붉은 구슬을 문 저녁 해가
산너머로 사라질 때면

우연히
낡은 사진첩을 뒤적이다가

가끔 뵙는
엄마의 시린 어깨가 다가오면

늦은 밤 자다 깬 눈으로
어두운 뜨락을 더듬다가

그립다.

몇 해 전

홀연히 먼길 떠나신
친정 아버지가

그립다
사무치게 그립다.

# 떠나가는 것들에 대하여

세월은 절대 뒤돌아보지 않는다
강물은 절대 거슬러 흐르지 않는다

반짝이며 떨어지는 꼬리별 뒤로
어둠이 더욱 짙게 깔린다
그대의 등뒤
또다시
칠흑같은 어둠이 밀려든다

## 석류

그대가 떨군 석류나무
붉은 꽃 몇 송이
흔적없이 떨구더니
그대 떠난 봄날
깊이 패인 자리에 남겨진 망울

뙤약볕으로 익은 그리움
모진 바람 닮은 한숨
세찬 비로 바뀐 계절

영글다 영글다 울음 터뜨려
부끄럼도 없이
옷자락 찢겨

내 그리움
내 한숨
내 눈물이

올올이 박혀있는
알갱이 알갱이들

바람이 떨군 낙엽이여
보고싶은 그대여
바람이 부르는 소리여

## 외로운 밤

멀리
검은 벌판에 널려있는
생선 비늘같은 별빛들이
떨어진다, 우수수

하루 종일 유령처럼 쏘다닌
남루한 옷자락에서
풍겨온다
바람 냄새

해묵은 그리움을
잘근잘근 씹어대면
들려온다
흐느낌 소리
밤이 운다는 것을 처음 알았다

# 제4부

## 세 월

무심코 본 거울
초로의 여인
낯선 이가 있다
이게 누구인가

주름 가득한 얼굴
흰서리 내린 머리

애들 큰 줄만 알고
영감 늙은 것만 알았다

내게도
비껴가지 않는
세월이 있음을
이제야 알다니…

# 동백꽃

이른봄
동백꽃이 흐드러지게 피었다

아침마다 눈을 뜨면 각혈하듯
핏덩이를 뚜욱뚝 토해낸다

남편은 치우려 들고
나는 안타까워 칭얼대고

이 봄이 다 가면
동백의 각혈도 멎을 것이고

남편과 핏덩이를 두고
다투는 일도 끝나겠지

# 여행자

오뉴월 뙤약볕에 뜨거운 커피라니,
내리쬐는 햇볕에 온몸을 불붙고
한 모금 시커먼 액체는 내 목을 태운다
이열치열?
하이고 무신 말씸.
얼음이 없다 아입니꺼 그냥 드시소.

동네를 지나다 만난 7 학년 아지매는
나그네 대접으로 귀하다는 커피를 타주고
밭고랑 사이를 걸으며 손을 흔든다
그래 이열치열이다
남은 커피를 꿀꺽 삼킨다
대청마루 끝에 빈 잔을 놓고 나온다

아지매 고맙습니데이
저만치 멀어져 가는 아지매 흰 머릿수건이
보일 듯 말 듯 한다
낯선, 낯설지 않은 고향을 느끼며
남은 여정을 위해 발길을 옮긴다
저 뙤약볕 속으로.

# 네가 보고 있었잖니

친정 나들이가 끝난 뒤
고속버스 터미널에 오다
팔순 노모는 또 따라나섰다
환갑된 딸이 행여
차를 떨굴세라 어서
차에 오르길 재촉하신다
출발 시간이 임박해 버스에 오르다
노모는 보이지 않는 나 대신
내가 오른 버스만 보고 계신다
외롭고 가녀린 그 모습에
울컥, 목이 메인다
드디어 버스가 움직이자
그제서야 노모의 발길이 떨어진다
돌아오는 차 안에서
메인 목은 냉수 한 모금으로
트이질 않는다
도착 후 드린 전화
내가 보이지도 않는데
그냥 가시지 왜 서 계셨어요?
짜증 섞인 투정에 담담한 음성
네가 보고 있었잖니, 그럼 됐지

아! 어머니 나의 어머니!
모정母情은 늙지도 않는가

## 다 같은 자식들인데

아들네 집에 갔다
며느린 손자와 잠들었고
앞치마 걸친 아들이 설거지를 한다
마음 상해 그냥 돌아왔다

딸네 집에 갔다
딸내미 런닝머신 위를 달리고
앞치마 걸친 사위가 저녁밥을 짓는다
마음 편히 실컷 놀다왔다

다 같은 자식들인데
아들과 사위,
딸과 며느리,
보는 눈이 달라진다

# 어미의 기도

열 손가락 깨물어서
안 아픈 손가락 없답니다.

대신 안 깨물어도
더 아픈 손가락이 있더군요

특히 어미에게는
더 아픈 손가락이

조금이라도 덜 아프길
밤마다 눈물로 기도 드린답니다.

아무쪼록
그 손가락이 모르도록…

# 누군가는

누군가는
사랑한다고 말하고
사랑한다고 표현하란다
표현하지 않는 사랑은
사랑이 아니라고

누군가는
사랑한다 사랑한다고
자꾸 말하지 말란다
사랑은 말하지 않아도
온몸으로 느끼니까

## 명자 꽃

몇 대째 이어 온
부잣집 마당에

새빨간 꽃
선명하다

예전엔
딸 바람날까
쉬시 꺼리던 꽃

지금은
딸들 연애 잘해
시집가라 심는 꽃

궂은 뜻도
해석하기 나름

핏빛같이 진한 꽃
이쁜 명자꽃

# 아침운동

맑은 하늘
새악시 앙탈 같은 바람
붉은 동백꽃 피를 토하고
모과나무 설토화 목단 장미 철쭉
수선화 할미꽃마저도
제각각 새순과 꽃망울을
봉긋봉긋 올리느라 안간힘을 쓰고
작약과 옥잠화도
쑤욱 여린 순을 내미는데
게으른 배나무 이제사 하품하며 기지개를 켠다
한 시간여의 둔한 몸놀림에 가쁜 숨 뱉으며
오늘도 살아 있음에 희열을 느낀다
실오리만큼 줄어든 저울 눈금 보며
객쩍은 웃음 흘린다
내일 다시 이 모든 것들
하늘과 바람과 나무들과의 눈맞춤을 약속하며
무거운 몸 뉘놀던 마당을 뜬다

봄날 이 아침에

## 빨래

바람에 햇살에
잘 마른
빨래를 개킨다
바람 입맞춤
햇살 발자국
바람에 뽀송뽀송해지고
햇살에 따뜻해진
오월의 빨래

# 기도

달 밝은 밤
뒤안 장독대에
맑은 물 한 그릇 떠 놓고

혹은 이른 아침 정지에 나와
부뚜막에 놓인 물 갈아 담고
두 손 모아 비는 어머니의 간절한 기도

토속 신앙이기 전에 개인의 신앙이며
남에게 보이기 위함이 아닌
아무도 모르게 해야 이뤄질 줄로 믿는
가장 강한 믿음이자 최선의 방법

요즘 이단이니 사이비니 하는 종교 집단이
두렵다. 하나님은 어디 계실까

# 오월의 눈

뜨락엔 핏빛 동백이
피를 토하다 숨을 거두고

자줏빛 커단 입 벌린 목단은
노오란 잇속을 드러내 환히 웃으며
농염한 자태를 뽐내다
짙은 향기만 남겨두고 떠났습니다.

볼이 터질 듯 흰눈을 머금은 설토화는
곧 후드득 하고 하얀 눈을 토할 것만 같고

흰쌀을 뒤집어쓴 이팝나무는
가난한 이들의 허기를 달래줍니다

주렁주렁 흰 눈을 달고 있는 아카시아는
달콤한 꿀샘으로 벌을 유혹합니다

어머니, 오월의 눈입니다.
하얀 꽃눈이 사방 천지인데

어머니 시린 가슴엔 아직도
차가운 눈이 내리십니까

# 마지막 무대(알콜리즘)1

몇십 년간 앵콜 공연 중인
연극의 주인공처럼 그대는
토씨 하나 틀리지 않는 대사를
피를 토하듯 쏟아내며
성난 야수처럼 포효咆哮한다

피하려 해도 피할 수 없다
그대의 피울음이 튕겨져 나오는
사면의 벽에 갇혀 있다
귀 막고 눈 감고 무언으로 항거한다
치미는 화를 삼키고
치솟는 눈물을 감춘다

불현듯
이토록 꼼짝 못하는 내가
어쩌면
그대에게 길들여진 건 아닐까 하는 생각에
소스라치게 놀란다

# 마지막 무대(알콜리즘)2

초저녁부터 횃대 위에서 졸던 수탉이 새벽을 깨운다
그대의 눈꺼풀이 힘겹게 내려앉는다
낮 동안 맹수에게 쫓기우던 가여운 초식동물처럼
무너져 내린다
낯선, 낯설지 않은 그대의 잠든 얼굴 위로 세월이
지나간다
그대는 누구인가 과연 그대는 누구란 말인가
나는 언제까지 그대를 이해하고 용서하고 사랑해야
하는가
착한 사마리아인처럼 떠나지 못함은 연민인가 애증인가
한낮의 태양이 구름과 숨바꼭질하며 노닐 때
연극을 끝낸 그대는 눈가에 남은 잠을 떨궈내고 소년처럼
웃는다
아무 기억 않는 가증스런 그대 곁에 나는 또 다시 머물고
만다
십수 년째 되풀이되는 망설임으로 그렇게 주저앉는다
상처 준 주인공은 없고 상처 입은 관객만 남는 이 잔인한
무대…
누가 저 금기의 샘물을 흔적도 없이 사라지게 해다오
그대의 번득이는 눈에 뜨이지 않게, 그대의 메마른 혀에
닿지 않게

신이여! 제발 오늘의 무대가 마지막이 되게 하소서
지금 이 순간 막이 내릴 수 있도록 그를 멸하소서

## 수繡

여인네의 고운 손이
바늘 귀에 오색실을 꿴다

한 땀 한 땀
정성을 다해
비단을 찌른다

어쩌다 바늘 끝에 찔린
여인의 손가락은
금세 붉은 눈물을 흘린다

그러나
비단은 제 살갗을 찌르는데
신음 소리 한 번 없다

아픔을 딛고
산이 되고 강이 되고
바위가 된다

모란이 피고
매화가 흩날린다

# 빈집

허물어진
블록담 위로
봄날
잔치는 시작된다

낡은 담벼락에
반쯤 몸을 기댄
붉은 동백이
수줍게 웃고나면

이에 질세라
동백을 제끼고
보랏빛 라일락이
진한 향기를 흩날린다

빈 마당에선
해묵은 감나무 두 그루가
여린 새순을 삐죽 내민다

이제는
그 담 위를 온통
붉고 노란 장미가 뒤엉켜
다가올 여름을 알린다

# 그대는

어쩜, 아무런 기별도 없이
이렇게 갑자기 다녀가는 법이 있을까
그대는 이번에도
희미한 흔적만 남겨 놓고 훌쩍 가버렸다

오래전부터 그대를 기다렸다
꼭 한 번 만나고 싶었다

계절이 바뀌고 바람이 싸늘해지고
메마른 가지에 마지막 잎새가 남고
어둠이 길어지면 곧 그대가 오리라 여겼다
매일매일 손꼽아 기다렸다
그대를 만나기를

이번엔 만날 수 있으리라 여겼다

그런데 그대는
노련한 밤손님처럼
흔적 남기지 않으려 애쓰며
어젯밤 살짝 다녀갔다
언제 그대를 마주할까

언제 그대와 함께 환한 웃음으로 즐거워할까

이제 마지막 달력 한 장을 넘기고
이듬해 밤이 다시 길어지면
슬몃 다가올 첫 눈인 그대를 만날 수 있을까

좀처럼 자신을 드러내지 않는 그대를…

# 절반

열린 거실 창으로
시원한 빗소리가
경쾌하다

내리는 빗줄기에
즐거워 못 견디겠는 듯
뜨락의 나무들이 춤춘다

바람조차 서늘하고
마음마저 촉촉한
가뭄 끝의 단비

이제
바싹 마른 온 세상에
해갈을 약속한다

일년의 절반인 유월의 끝날에…

## 세 벌

아침 설거지를 하다

밥그릇 국그릇 세 벌에
수저 세 벌

40여 년 전 두 벌로 시작된
아기자기한 살림살이가

세월이 흐르면서

세 벌로 네 벌로 또 다섯 벌로
늘어나더니

다시 세월이 흐르면서

네 벌로 세 벌로 줄어들었다

곧 두 벌이 남고
언젠가는 한 벌의 살림만 남겠지

# 가을밤

가만히 귀기울여 들어보렴
달빛이 환한 미소로
세상을 어루만지면
온갖 풀벌레 노랫소리에
네가 다가오는 것을 느낀단다

가만히 귀기울여 들어보렴
바람이 발길을 멈춘 고요한 뜨락에
잘 익은 빠알간 석류의
쩌억 벌어지는 소리에
네가 깊어가는 것을 느낀단다

가만히 귀기울여 들어보렴
해묵은 감나무 높은 가지에서
저 혼자 바람난 붉은 홍시가
툭! 떨어지는 소리에
네가 영글어 가는 것을 느낀단다

가만히 귀기울여 들어보렴
야멸찬 바람이 객客과 함께
내 작은 방 창호지 문을

사나운 시누이처럼 두드리면
네가 떠나가는 것을 느낀단다

# 제5부

# 화로

계절이 바뀌고 찬바람이 불어온다
낙엽이 뒹굴고 어둠이 길어지면
난 네가 그립다

어릴 적 겨울방학에 외가에 놀러가면
아침마다 하얀 입김 내밀며 고양이 세수를 하지
젖은 손으로 방 문고리를 잡으면
쩌억 달라붙는 느낌
온몸에 짜릿한 전류가 흘렀다

외할아버지께 달려가면 거기에 늘 네가 있었다
어서 오너라 하시며 할아버진 나를 당겨
네 곁으로 끌어 앉히셨지
부젓가락이 닿으면
화들짝 놀란 너는 빨간 불티를 날린다
아! 온몸에 퍼지는 포근함
외할머니 품속 같은 너의 따사로움

어깨도 시리고 가슴도 시린 오늘
나는 네가 그립다
50년도 넘는 어제 속으로 나는 달려간다

내가 네 곁에 있었으면 정말 좋겠다
난 네가 많이 그립다

# 응급실

흡사
장날인 듯
여기저기서
악쓰는 소리
신음 소리
애 우는 소리

수많은 사람들이
들락날락 왔다갔다
환자에
보호자에
의사에 간호사에

장날 장 구경은
신이 나지만
응급실 단골인 나는
올 때마다
울고 싶어진다

# 어떤 만남

그를 만났다

그를 만나기 전 내내 얼마나 설레었던가
그를 생각만 해도 가슴이 뜨거워졌고 얼굴이 붉어
졌으며
심장이 두근거렸다
남편과의 연애 때도 이런 열정이 있었던가
까마득한 옛일을 떠 올려도 그에게 만큼은 아니었다
내게 이런 열렬한 감정이 숨어 있을 줄 나조차도
몰랐다

그는 내게 젊음을, 젊음의 뜨거움을 안겨 주었다
남편과의 간혹의 불협화음도 그를 생각하면 너그러워
졌다

아! 그를 만나고 싶다
어서 그를 만나고 싶다

드디어
그를 만났다

잘 생기고 건강한 그
쌍꺼풀진 큰 눈과 오른쪽 뺨에 패이는 볼우물
평생 잊지 못 하리라
내 아들의 아들 도준이를 처음 만난 날을

# 기억

상처 준 사람은 없는데
상처받은 사람만 있단다

상처 준 사람은
모두 잊고 편히 사는데

상처받은 사람은
살아갈수록
지워지지 않는 기억의
불행을 지니고 산다

## 장맛비

무에 그리 서러웠던가
복받치는 설움을 이기지 못해
밤새 큰소리로 통곡하는 하늘 때문에
지난밤을 뜬눈으로 지새며 그의 하소연을 들었다

내려앉은 눈꺼풀을 치켜뜨고
위로라도 할 양으로 머뭇거리는데
새벽녘 첫닭 우는 소리가 들리자
언제 그랬냐는 듯 시치미를 뚝 뗀다

밝아오는 뜨락의 배나무에 산새가 날아와
제 소리도 들으라며 지저귀다 간다

주위는 온통 그의 눈물자욱으로 젖어있다

무슨 꿈을 꾼 듯 까무룩하다

그를 보니 다시 또 울 듯 말 듯한 얼굴이다
가끔은 울음 끝이 남았는지
후드득 눈물방울을 떨구기도 한다
뜨락의 나뭇잎이 흔들린다

그의 한숨이던가
아침 설거지를 끝내자마자
기어이 그의 울음이 다시 터졌다
밤내 울음을 쏟아내도 모자랐던가
온종일 징징거리며 울어댈 것 같다

아마도 그의 하소연일랑은
다른 이들 귀에, 가슴에 맡기고
나는 이제 눈을 좀 붙여야겠다

# 하지

하지
낮의 길이가 가장 길다는

땅은 타들어가는데
하늘은 꿈쩍도 않는다

간간이 비 소식이 있어도
오나 마나

곧 장마라는데
제대로 된 비가 와 줄지

가뭄 끝에 오이 꼭지는 쓰고
여름 과일은 달다

## 부탁

아침마다
베란다 난간에 놓인
단풍나무 분재에게
매일매일 타이른다

빨개져야 돼
빨간 잎사귀 절대 파래지면 안돼
알아듣는 듯 빨간 잎사귀를 지닌 채
무럭무럭 커간다

원래 홍단풍인 것이
청단풍으로 변하자 심술 난 남편이
잘라 버린다는 말에
내 심사가 사납다

빨개져라 빨개져라

## 궁합

마당에 배나무 모과나무
사다 심은 지 오 년인데
꽃만 피우지 열매가 없다

해마다 궁금하던 차
향나무가 근처에 있으면
병이 들어 열매를 못 맺는단다

어쩐지 푸른잎이 불긋불긋하더라만.

또 깨닫는다
나무도 사람처럼
궁합이 맞아야 한다는 것을
그래야 건강하게
열매도 맺는다는 것을

## 남편의 놀이터

산골 태생 남편은
흙과 친하다

손발 흙 범벅 되어
뒹굴고 싶어한다

마음껏 뒹굴
땅 한 뙈기 없지만
용케도 흙과 어울린다

배나무 모과나무
동백 목단 설토화 장미 등
시금치 고추 상추
깻잎 대파 토마토까지

손바닥만 한 마당과
제법 너른 옥상이
남편의 놀이터이다

# 기일과 벌초

친정아버지 첫 번째 기일이다

하필이면
시댁 선산 벌초가는 날과 겹쳤다

오래전부터 약속되어진
벌초를 미룰 수 없어
아버지께 가 뵙지 못하다

찬바람 나면 한 번 다녀가거라
어머니 말씀이 다행이다 싶다

아버지
전 여전히 효도와는
거리가 먼 딸인가 봅니다

# 노부부

지하철 경로석
노부부
나란히 앉아있다

피곤한 듯
기울어지는
할머니의 머리에

할아버지는
자신의 어깨를 내어준다

결코 넉넉해 뵈지않는
노부부의 모습

그래도 서로의 곁에
서로가 있어,
서로가 아껴서 참 다행이다

# 가을의 노래

달력이 가을 문턱을 넘자
매미 떠난 뜨락에서 수런수런
분주해지기 시작했다

쓰릉 쓰릉
찌르르 찌르르
또르르르르

나의 계절이 왔노라고
서로가 반가워하며
입을 모아 노래를 부른다

새벽이 되서야
부지런한 새들에게 자리를 내주며
조용히 막을 내린다

새벽의 인사가 달갑지 않은
몇 녀석은 독창을 했지만
금세 목청 좋은 새들에 묻혀버린다

날이 저물어 또다시

그들의 밤이 오면
낮 동안 기다려온 아쉬운 마음이
깊은 가을밤 아름다운 노래로 수놓을 것이다

# 천둥

한여름 밤
대자리에 누워
밤새 쏟아지는 빗소리 듣는다

간혹 번쩍하는 빛과 함께
멀리서 구렁구렁
천둥조각 모으는 소리가 들린다

구렁구렁 구렁구렁
우르릉 쾅~!

천둥은 요란한 함성과 함께
지은 죄도 없는 나를
여러 번 놀래켜 새가슴을 만든다

새벽은 오지않고
빛과 함께 요란한 천둥의 함성이 쏟아진다

나는 달아난 잠 대신
구렁구렁 구렁구렁
천둥조각 모으는 소리에
귀를 쫑긋 기울인다

## 불효

불편한 틀니로 끼니 때만 되면
밥상머리에서 울상인 남편

남편 상태 맞춰 밥상 차리느라
머리에서 쥐가 난다

몰캉몰캉 나물 삶아 무치고
부드러운 두부 부치고
큼직한 가자미 튀겨
부드러운 살만 들려
한상 차려본다

요래조래
남편 입맛 챙겨온 지
40여 년

그런데
언제 한번
친정 부모 위해
정성들여 밥상 차린 적이 없다
나이 육십 되도록

아버지가 뭘 좋아하셨는지
혼자 계신 엄마가
뭘 좋아하시는지 나는 아직 모른다.

## 모녀

막내딸이 양모라며
보랏빛 고운 내의를
내밀었다

엄마에게
좋은 것만 해 주고
싶다는 딸이
고마운 만큼
엄마에게 죄송하다

막내딸
반 만큼이라도
내가 엄마에게
해 드릴 수 있다면.

# 그래 맞다

"엄마!
황사가 심하대
외출할 땐 안경쓰고
마스크도 하고,
그리고 문 단속
가스도 살피고,
조심해서 다녀요"

친정 엄마와
통화를 끝내고 나니
어디선가
많이 듣던 소리

그래 맞다
아침마다
막내딸이 출근하며
내게 하는 소리

# 언제 쯤

부모 가슴에
꽃 한 번
달아 드리지 못 하고
육십이 되었다

언제쯤
어느 때쯤에
편한 맘, 환한 낯으로

이제는 혼자되신
친정 엄마께
어버이 날
꽃 한송이 달아 드릴까

# 목단

노오란 잇속을 드러내고
매혹적인 향내 뽐내며
그리도 환히 웃더니

석양이 불타올라 어스름해지면
다시금 꾸욱 입 다물고

다음 날 아침
해 돋을 때만 기다리는
붉은 목단

## 낮에

하늘은 파랗고
햇살 눈부신
바람 싱그런 한낮

할아버지 할머니
아저씨 아주머니
아들 며느리에
젖먹이까지
옥상 위에서 춤을 춘다

어깨를 덩실덩실
엉덩이는 씰룩쌜룩
팔다리는 사방으로 휘저으며
바람 따라 신나게 춤을 춘다

옆집 빨래들 즐거운 춤사위에
내 어깨도 덩달아 들썩인다

# 선우, 지우에게

해 같은 선우
꽃 같은 지우

평생 그리 살렴

해같이 빛나게
꽃같이 어여쁘게

선우가 듣더니
선우는 해님이고
지우는 달님이란다

평생 그리 살렴.

달님처럼 환하고 넉넉하게
해님처럼 세상을 밝게 비추며

그리 살렴, 평생

해처럼
달처럼
꽃처럼

– 2017년 8월 지우 첫돌에

# 첫니

꽃향기 속에 숨어 있었나
바람결 속에 숨어 있었나

이백하고도 스무 닷새날을
그 어느 비밀스러운 곳에
꼭 꼭 숨어 있다

봄날 사과나무
수줍은 새순 마냥

쏘옥 돋아 난 너의 첫니

을미년 오월 사일에
선우 첫니 기념

# 헌정시

막내딸 : 김정연

1. 엄마 미안해
2. 엄마와 아기와 나
3. 엄마와 딸 사이
4. 봄비
5. 소꿉놀이
6. 기도

## 엄마 미안해

엄마는
뭐든지 할 줄 알고
아파도 참을 줄 알고
힘들어도 잘 견딜 줄 알았다

막상 엄마가 되어 보니
엄마는 뭐든지 할 줄 알아야 하고
아파도 참을 줄 알아야 하며
힘들어도 견뎌야만 한다는 것을 알았다

항상 괜찮다
괜찮을 거야. 그래도 견뎌야지 하며
아무렇지 않은 듯 날 위로했던 엄마

엄마
언제나 그랬듯이
기적처럼 다시 일어날 거라 믿어

내가 손잡아 주지 못해서,
이런 말밖에 해 줄 수 없어서
많이 미안해

우습게도
이런 상황 속에
울음을 삼키고 일을 해야 하고
아이들을 돌봐야 해서
엄마 생각을 뒤로 미뤄야 하는
내가 너무 미워

## 엄마와 아기와 나

내가 네 손 잡으면
너는 엄마 손 잡고

내가 네게 입맞추면
너는 엄마 볼에 입맞춤

내가 네게 다가가면
너는 엄마 등에 숨고

내가 너를 안으면
너는 두 팔 벌려 엄마 품으로 달려간다

신나게 놀다 지칠 때 즈음
그제야 하품하며
졸린 눈으로 나를 찾는 너

곤히 잠든 네 모습 위로
다정한 친정 엄마의 미소가 번진다

엄마와 아기와 나의 어느 날에

## 엄마와 딸 사이

보이지 않는 은총의 강을 넘어
나는 엄마를 만났고
반짝이는 축복의 다리를 건너
나는 두 아이에 엄마가 되었다

집에선 아이들의 든든한 엄마가 되고
친정에선 한없이 여린 딸이 되는
엄마와 딸 그 사이에서

이제는
어미새 처럼 커단 품으로
연약해진 엄마까지 보듬어야지만

오늘 만큼은
한없이 넓고 포근한 엄마 품에서
은은한 엄마 냄새에 취해
아득히 먼 꿈나라로 떠나고 싶다

# 봄비

엄마 가신 3월 엔
알알이 맺힌 눈물 대신

새 생명에 젖을 주 듯
초록이 더 초록 되어지게
맑은 생명수가 공급된다

영롱한 자태의 투명한 눈망울이
울음을 터트리면
앙증맞은 꽃봉오리
빗방울 톡 털며 봄맞이 인사를 준비한다

## 소꿉놀이

매끈하고 길게 뻗은 군자란 잎사귀에

하얗고 탐스러운 설토화 한송이

붉은빛 선명한 동백꽃 두송이 놓고

벌이 파먹다 남긴 사과 하나

깨끗이 씻어올리고

앙증맞은 소주잔에

하얀 배 꽃잎 하나 띄워본다

상사화로 촛불 붙이고

자줏빛 목단에서 매혹적인 향 퍼지면

엄마가 가꿔 놓은 뜨락에서

먼 나라 가신 어머니 생신상이 완성된다

# 기도

별들도 졸고 있을 잠잠한 시간
오늘도 감사함을 기도합니다.

절기 따라 꽃 피고 새 우짖는 나의 집이 있고
거기서 글 쓰는 무한한 기쁨을 맛보게 하시며
주님께 기도할 수 있는 온전한 정신을 주심을

또한
나의 분신인 삼남매의 어미로 살 수 있고
함박꽃 같은 손주들의 재롱을 보며
이제라도 그들을 어루만지며
사랑한다는 표현을 할 수 있게 해주심을

그리고
오늘 하루도 살 수 있게 해주심에 감사하다고

지금도 어디선가
나직한 감사의 기도가 들리는 듯 합니다.

당신의 기도처럼
하루하루 소중히 아끼며

당신의 자녀임을 감사하고 살겠습니다.

이젠 편히 쉬세요. 우리 엄마…

제1회 신아문예대학작가상 수상집
김정희 유고시집
가끔은 사무치게 그립다

초판 1쇄 인쇄 2019년 10월 15일
초판 1쇄 발행 2019년 10월 20일

지은이 김정희
발행인 서정환
펴낸곳 신아출판사
주 소 전라북도 전주시 완산구 공북1길 16
전 화 (063) 275-4000, 252-5633
팩 스 (063) 274-3131
이메일 sina321@hanmail.net
출판등록 제465-1984-000004호
인쇄 · 제본 신아출판사



ISBN 979-11-5605-686-7 03810

값 10,000원

이 도서의 국립중앙도서관 출판예정도서목록(CIP)은 서지정보유통지원시스템 홈페이지(http://seoji.nl.go.kr)와 국가자료공동목록시스템(http://www.nl.go.kr/kolisnet)에서 이용하실 수 있습니다. (CIP제어번호: CIP2019039866)

Printed in KOREA